주 의

!

- 이 책은 곤충들이 싸워서 상처를 입도록 하려는 것이 아니라, 배틀을 통해 곤충들의 생태와 생존 방식을 알아보는 것을 목적으로 한다.

- 이 책의 배틀 장면은 곤충에 관한 깊은 이해를 돕기 위해 그들의 특징과 능력을 활용하여 가상으로 꾸민 것이다.

- 배틀 과정을 실감 나게 전달하기 위해 생생하게 표현한 곤충들의 대결 그림으로 인해 간혹 공포를 느낄 수 있으므로 주의한다.

頂上決戦！世界の昆虫 最強王決定戦
<CHOJO KESSEN! SEKAI NO MUSHI SAIKYOOU KETTEI SEN>
Copyright © STUDIO PORTO 2021
First published in Japan in 2021 by Seito-sha Co., Ltd.
Korean translation rights arranged with Seito-sha Co., Ltd.
through JM Contents Agency Co.
Korean edition copyright © 2022 by Glsongi Co., Ltd.

이 책의 한국어판 저작권은 JMCA 를 통한 저작권자와의 독점 계약으로 ㈜글송이에 있습니다.
저작권법에 의하여 한국 내에서 보호를 받는 저작물이므로 무단 전재와 무단 복제를 금합니다.

일러스트: 아이마 타로(e-loop), 아오히토, 괴인후쿠후쿠, 가와사키 사토시,
정신암흑가 코우, 나가이 케이타, 난바 키비, 니시무라 코타, 히라바야시 토모코
디자인: 시바 토모유키(STUDIO DUNK)
사진제공: iStock/Getty Images, photolibrary
편집협조: 와카사 카즈아키(STUDIO PORTO)

2025년 11월 10일 초판 4쇄 펴냄

편저 · Creature Story   **옮김** · 고경옥
펴낸이 · 이성호   **펴낸곳** · (주)글송이
편집/디자인 · 이유미, 오영인, 임주용
마케팅 · 이성갑, 윤정명, 이현정, 문현곤, 이동준
경영지원 · 최진수, 이인석, 진승현

출판 등록 · 2012년 8월 8일 제 2012-000169호   **주소** · 서울시 서초구 능안말 1길 1(내곡동)
전화 · 578-1560~1 **팩스** · 578-1562   **이메일** · gsibook01@naver.com

ISBN 979-11-7018-636-6 74080
      979-11-7018-635-9 (세트)

*잘못 만들어진 책은 바꾸어 드립니다.

세계 곤충 최강왕 결정전 개최

어떤 곤충이 참가했을까?

세계 곤충 최강왕 결정전을 위해 지구상에 존재하는 모든 곤충이 모였다. 거미와 전갈 등 생물학에서 곤충으로 분류되지 않는 생물까지 참가했다.
곤충의 전투 유형은 종류에 따라 맹독으로 공격하기, 집단으로 싸우기, 철저하게 방어하기 등 다양하다. 또한 환경에 따라 발휘하는 힘이 달라지기 때문에 단순히 능력만으로 승부를 가리기는 어렵다. 그래서 본대회는 팀 대항전으로 치러지며 현재의 지구 환경과는 다른 환경을 설정했다.

목표는 결승 토너먼트 진출!

대회는 예선 리그에서 승패에 따라 얻는 승점을 기준으로 한다. 결승 토너먼트에 진출하는 것은 단 4팀이다.
승점을 얻는 규칙은 아래와 같다.
팀은 모두 8팀으로 A그룹 4팀, B그룹 4팀으로 나뉜다. 팀원은 5종류의 곤충으로 구성되며 세 번의 배틀로 승패를 가른다. 어느 곤충을 어느 배틀에 투입할지 결정하는 팀의 전략도 세우면서 동시에 다음 배틀도 예측하며 싸워야 한다.
결승 토너먼트는 각 그룹의 상위 두 팀이 진출한다.

팀의 전략이 승패를 좌우한다!

팀은 공격과 방어의 유형 또는 체격과 생태가 비슷한 5종의 곤충으로 구성된다. 4종은 각자의 생태계에서 맹위를 떨치는 곤충으로 정해진다. 남은 1종은 지원군으로 참가하며, 정보가 적고 능력이 다 알려지지 않은 곤충이다. 팀에 따라서는 의외의 곤충을 지원군으로 정해 이 선택이 승패를 크게 좌우하게 할 수도 있다.
배틀 무대의 선택도 대회에서 눈여겨볼 만한 점이다. 생태 환경이 다른 곤충이 육지, 공중, 물속에서 어떠한 공격과 방어를 펼칠지는 곤충학자도 예측할 수 없다.

점수 획득 규칙

승리 → 승점 3점
◎ 상대에게 타격을 입혀서 전투 불가능 상태가 되었을 때
◎ 상대의 전투 의욕을 꺾고 항복시켰을 때

무승부 → 승점 1점
◎ 서로 타격을 입어 양쪽 모두 전투 불가능 상태가 되었을 때
◎ 양쪽 모두 전투 의욕을 잃고 전투를 중단할 때

패배 → 승점 0점
◎ 타격을 입어 전투 불가능한 상태가 되었을 때
◎ 전투 의욕을 잃고 전투를 중단할 때

예선 리그

A그룹
- 독침팀
- 이빨팀
- 칼날팀
- 군대팀

B그룹
- 갑옷팀
- 테크닉팀
- 악취팀
- 비행팀

모두가 시합에 참가하며 점수로 순위를 정한다.

각 그룹의 상위 두 팀이 **결승 토너먼트 진출**

결승 리그

준결승

네 번의 배틀이 벌어지며 네 번째 시합에서만 지원군을 투입해 태그매치(Tag match: 2인 1조로 싸우는 경기 형식)를 치른다.

제 1 시합
A 그룹 1위
VS
B 그룹 2위
➡ P148

제 2 시합
B 그룹 1위
VS
A 그룹 2위
➡ P156

결승전 ➡ P168

번외 경기(개별 배틀)

??? VS ??? ➡ P180

??? VS ??? ➡ P182

결승전 ➡ P184

팀 배틀의 우승 성적을 종합해서 뽑은 상위 4종의 생물이 단독으로 배틀을 펼친다.

출전팀 A 그룹

독침팀
➡ P14

데스스토커
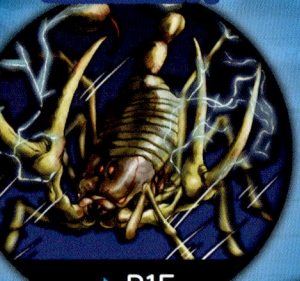
➡ P15

옐로우펫테일

➡ P16

식초전갈

➡ P17

밑들이

➡ P18

낙타거미 (지원군)

➡ P19

이빨팀
➡ P20

브라질방황거미

➡ P21

블론디골리앗
➡ P22

붉은머리왕지네
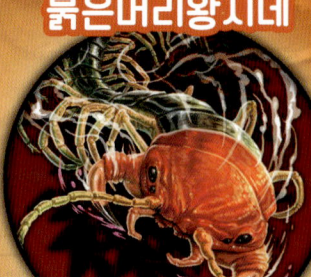
➡ P23

아프리카 자이언트밀리패드
➡ P24

리옥크 (지원군)
➡ P25

출전팀 B 그룹

🛡 갑옷팀 ➡ P80

코카서스장수풍뎅이 ➡ P81

거인굴바퀴벌레 ➡ P82

골리앗왕꽃무지 ➡ P83

크로카타바구미 ➡ P84

기라파톱사슴벌레 [지원군] ➡ P85

💨 악취팀 ➡ P86

물장군 ➡ P87

물방개 ➡ P88

광대노린재 ➡ P89

검정명주딱정벌레 ➡ P90

왕침노린재 [지원군] ➡ P91

배틀의 6 가지 규칙

1 연합으로 배틀 참가

종류가 같은 곤충은 동료간에 연합할 수 있다. 하지만 생태계의 본래 습성을 바탕으로 평소에 단독으로 활동하는 곤충은 연합할 수 없다. 다른 동료가 참전하면 반칙패 처리한다.

2 승패의 판정

쓰러져서 일어나지 못하거나 시합을 포기하면 그 즉시 패배로 판정한다. 단, 연합 배틀에서는 한 마리라도 일어서 있으면 동료가 쓰러져 있더라도 패배로 판정하지 않는다. 모습을 확인할 수 없을 때도 패배 처리된다.

3 무승부

배틀 시간은 무제한이며 심판이 경기를 중단하는 일은 없다. 양쪽이 시합을 진행할 수 없을 때와 시합을 포기했을 때는 무승부가 된다. 시합이 끝난 후에 독의 효력이 나타나더라도 이것은 판정 대상이 되지 않는다.

4 지원군은 한 시합만 출전 가능

예선 리그에서는 각 곤충이 두 번씩 출전하지만, 지원군은 한 번만 참전할 수 있다. 결승 토너먼트에서 지원군은 태그매치에서만 출전할 수 있다. 어떤 곤충이라도 이전 시합에서 입은 부상은 완전히 회복한 후에 출전할 수 있다.

더 궁금한 곤충 이야기

왠지 이상한 살아남기 전략

자손을 남기기 위한 수단과 살아남기 위한 본능을 소개한다.

오들오들 무서운 천적

생태계에서 곤충 이외에 위험을 부르는 생물과의 연관성을 소개한다.

 **배틀 장소**

배틀은 '세계 곤충 최강왕 배틀 전용 경기장'에서 치러진다. 숲과 평야, 사막, 물가, 공중 경기장이 있으며 곤충은 각자가 싸울 장소를 선택한다.

 우승팀과 우승자의 명예

아래 조건에 따라 예선 리그 각 그룹의 상위 두 팀이 결승 토너먼트에 진출한다. 마지막까지 모두 우승한 팀에게는 '세계 곤충 최강왕 결정전 우승자'라는 칭호와 함께 우승컵을 수여한다. 또한 개별 MVP와 개별 우승자도 결정한다.

결승 토너먼트 진출 규칙

❶ **승점** – 승점이 높은 상위 두 팀이 결승에 진출한다.
❷ **직접 대결** – 동점일 때는 직접 대결했을 때 이긴 쪽이 결승에 진출한다.
❸ **추첨** – 직접 대결까지 무승부일 때는 추첨으로 결승 토너먼트 진출자와 순위를 정한다.

이 책의 본문 구성

출전 곤충 소개

- **예선 그룹**
- **곤충의 이름**
- **능력치**
  5개의 능력을 5단계로 나타낸다.
  - ▶ 파워
    체력·힘의 세기
  - ▶ 스피드
    동작의 빠르기·이동 속도
  - ▶ 난폭성
    공격적인 성질의 정도
  - ▶ 기술
    특별한 공격 방법·다양한 전술
  - ▶ 방어
    특별한 방어 방법
- **배틀 유형**
  주요 공격이나 방어 기술. 레벨은 S→A→B→C 순으로 S가 가장 강력하다.
- **곤충의 크기 정보**
- **곤충에 대한 설명**

배틀 장면

- **배틀의 관전 포인트**
- **우승자**
- **예선 그룹**
  배틀 팀과 시합 수가 표시된다.
- **배틀하는 곤충 이름**
- **배틀 상황 설명**
- **곤충의 생태 설명**

예선 리그 결과표
이미 치러진 모든 배틀의 결과를 나타낸다.
색칠된 숫자가 배틀에서 얻은 승점이다.

● : 승리, 3점   ▲ : 무승부, 1점
✕ : 패배, 0점

배틀이 시작되다!

예선전 A

A그룹의 대전표

1라운드	독침팀 VS 이빨팀	➡ P26	4라운드	이빨팀 VS 군대팀	➡ P56
2라운드	칼날팀 VS 군대팀	➡ P44	5라운드	독침팀 VS 군대팀	➡ P62
3라운드	독침팀 VS 칼날팀	➡ P50	6라운드	이빨팀 VS 칼날팀	➡ P68

옐로우펫테일

그룹 A 독침 팀

극한의 환경에서 살아남는 맹독 파이터

가장 강력한 독을 가진 전갈로, 기네스북에 올라 있으며 '살인 전갈'로 불리기도 한다. 낮에는 꼼작도 하지 않지만, 사냥감이 지나가면 잽싸게 집게발로 낚아채거나 굵은 꼬리에 달린 독침을 찔러 제압한다. 사막의 가혹한 환경에서 생존해야 하는 탓에 성질이 매우 사납다.

배틀 유형

맹독침	S
집게발 공격	B
집게발 방어	C
꼬리 공격	B
특수 능력	??
몸길이	80~100mm

예선 리그
그룹 A

이빨 팀

브라질방황거미

블론디골리앗

붉은머리왕지네

아프리카자이언트 밀리패드

지원군

리옥크

공격력	방어력	작전력

특징: 강력한 턱으로 물어뜯는 공격 기술이 최대의 무기인 집단이다. 독 쏘기, 털 날리기, 악취 공격, 거대한 몸통 공격 등 팀원 모두 각자의 필살기를 가지고 있어서 어떤 적이라도 상대할 수 있다.

브라질방황거미

그룹 A 이빨팀

엄니로 독을 주입하는 최강 맹독성 거미

홀로 돌아다니다 먹잇감을 발견하면 달려들어 육탄전을 벌인다. 기다란 다리로 적을 압박하고 두 개의 엄니로 급소를 물어뜯는 것만으로도 치명상을 입힐 수 있다. 엄니에 있는 독의 위력은 세계 최강이다. 브라질방황거미에 물리면 신경이 마비되어 몸을 움직이지 못한다.

배틀 유형
- 맹독성 엄니: S
- 몸통 공격: A
- 누르기: C
- 고속 이동: C
- 특수 능력: ??

몸길이 50~80mm

그룹 A 이빨 팀

블론디골리앗

배틀 유형
엄니 공격	A
독털 공격	A
독털 방어	A
고속 이동	C
특수 능력	??
몸길이	100~300mm

긴 털로 뒤덮인 세계 최대의 타란툴라

도마뱀이나 개구리 같은 작은 동물도 잡아먹을 만큼 난폭하다. 소형견의 힘에 맞먹는 공격력이 턱의 힘에서 나온다. 온몸을 뒤덮은 털은 몸을 보호할 뿐만 아니라, 적에게 털을 날리는 공격용으로도 사용한다. 다리를 뻗으면 20~30cm나 되며 엄청난 스피드로 먹잇감을 낚아챈다.

그룹 A
이빨 팀

아프리카자이언트 밀리패드

파워 / 스피드 / 난폭성 / 기술 / 방어

배틀 유형

철벽 방어	A
악취 발사	B
몸통 박치기	B
턱 공격	C
특수 능력	??
몸길이	200~300mm

느닷없이 자극취를 내뿜는 평화주의자

두꺼운 몸통 때문에 난폭해 보이지만, 사실은 식물을 먹는 평화주의자다. 상대방이 공격해도 단단한 몸통을 동그랗게 말아 몸을 보호할 뿐 공격하지 않는다. 단, 위험에 빠지면 복부에서 자극취를 내뿜어 적을 물리친다. 입에 들어오는 것은 무엇이든 먹어 치우는 습성이 매우 위협적이다.

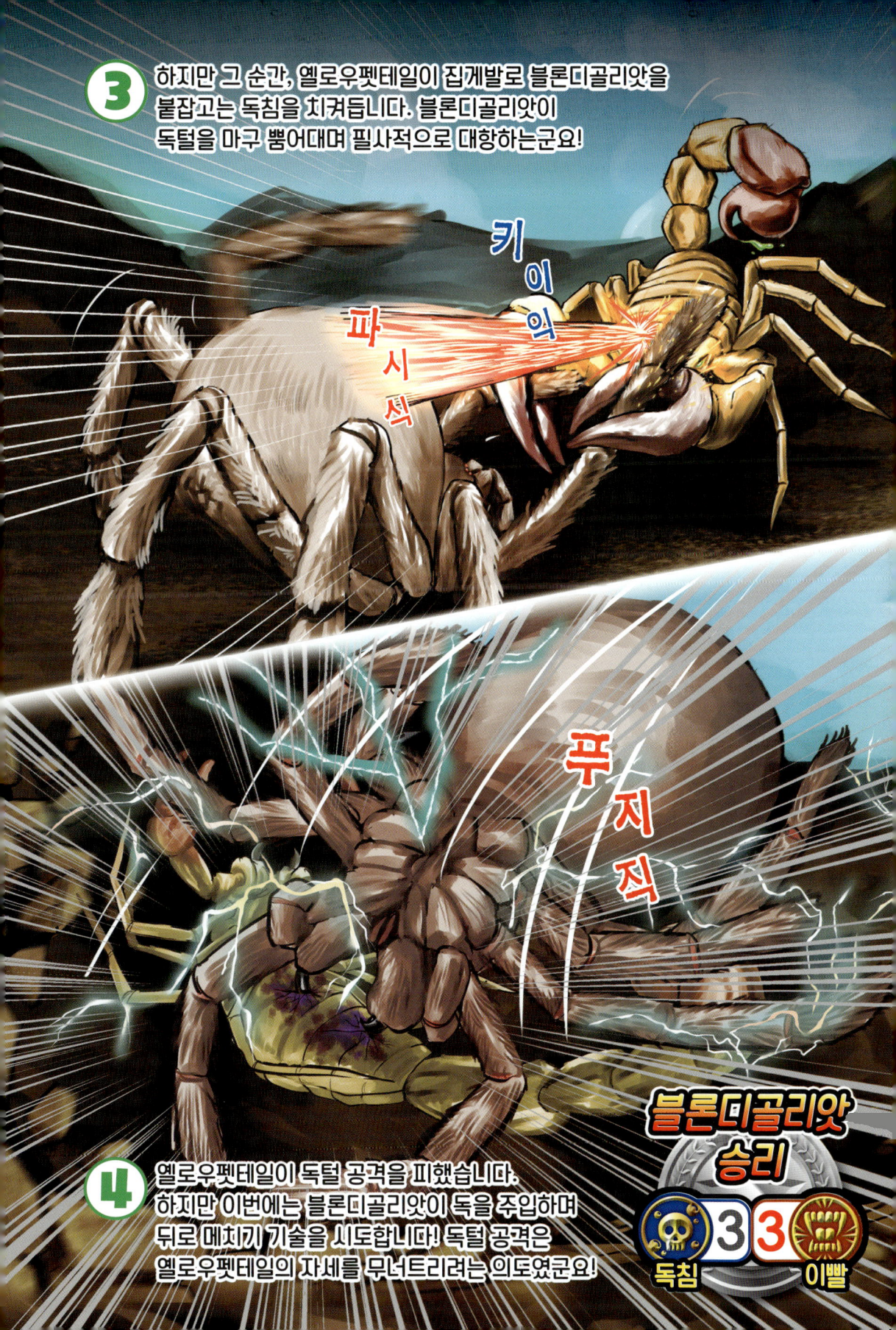

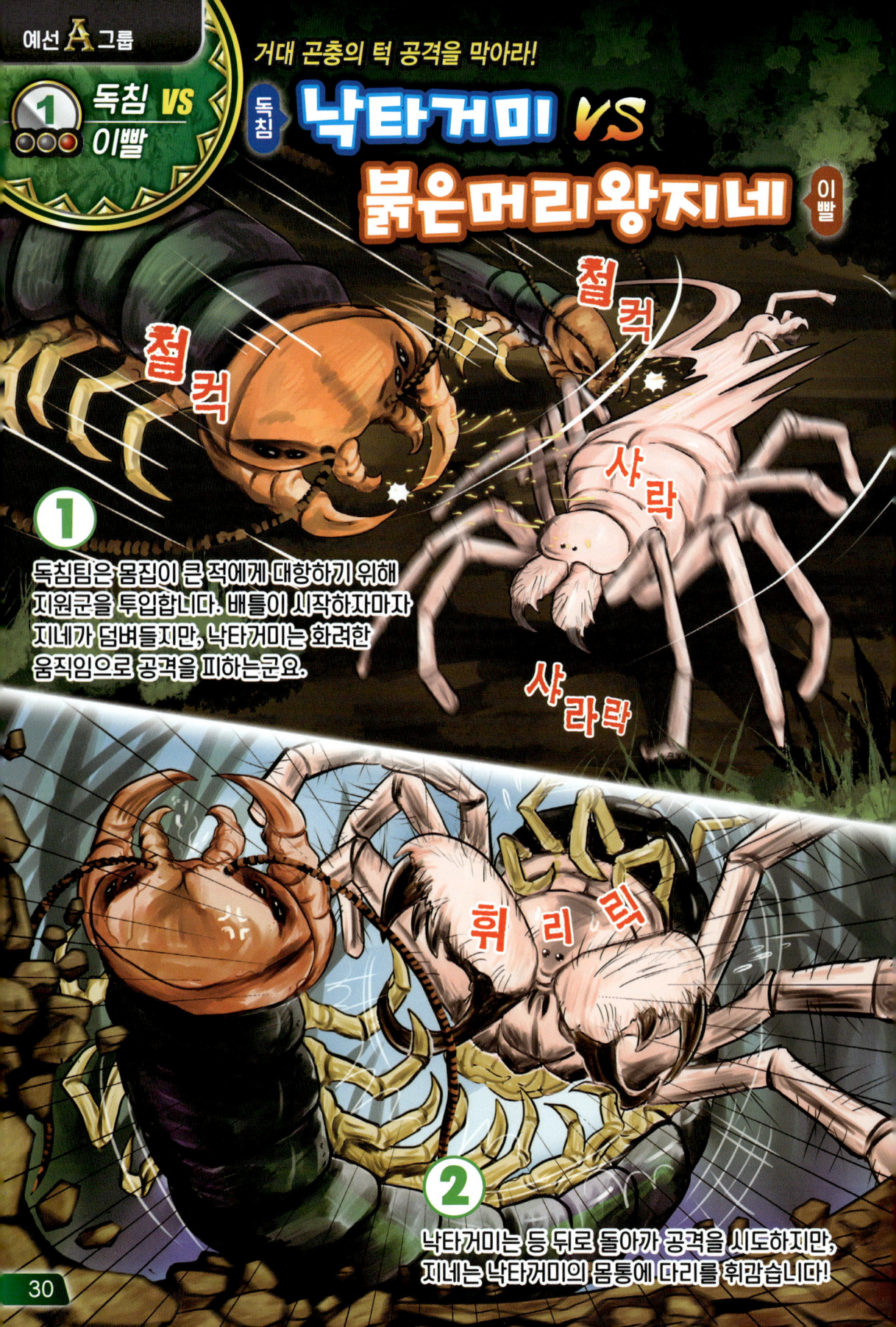

하늘소

그룹 A — 칼날 팀

파워 / 스피드 / 난폭성 / 기술 / 방어

배틀 유형	
이빨 공격	A
물어뜯기	A
수직 이동(나무·벽)	C
울음소리로 위협	C
특수 능력	??

몸길이 50mm

머리카락뿐 아니라 나무도 갉아 먹는 강력한 턱

낫처럼 날카로운 턱으로 인간의 머리카락도 자른다고 한다. 그 위력은 단단한 나무도 깎아 버릴 정도다. 초식 곤충이어서 평소에는 적을 공격하지 않지만, 한번 물면 떨어지지 않는 끈질긴 습성을 지녔다. 시력이 약한 대신 긴 더듬이로 정보를 수집하며 울음소리로 상대를 위협한다.

군대개미

그룹 A / 군대팀

배틀 유형

고속 턱 공격	C
독침	B
집단 공격	S
집단 방어	A
특수 능력	??
몸길이	15~20mm

싸우기 위해 훈련된 수백만 병정 개미

여왕개미를 중심으로 보호, 운반, 전투 등의 역할을 맡은 병정개미가 조금의 흐트러짐도 없이 협동하여 사냥감을 공격한다. 앞을 볼 수 없어서 어떤 거대한 상대를 만나도 움츠러들지 않는다. 덤벼드는 자세가 위협적이며 강력한 턱과 엉덩이의 독침으로 사냥감을 제압한다.

장수말벌

그룹 A 군대팀

배틀 유형	
연속 독침	A
맹독 분사	S
턱 공격	B
고속 이동(공중)	B
특수 능력	??
몸길이	40~50mm

시속 40km 로 무리 지어 날아와 단숨에 물어뜯다!

공격적인 성격으로, 턱을 철컥철컥 소리나게 움직이며 적에게 다가간다. 적을 단번에 물어뜯으며 배 끝에 달린 독침으로 몇 번이고 찌른다. 또한 공중에서 독을 살포해 경계 신호를 보내면 이 독을 감지한 동료들이 몰려와 집단으로 공격한다. 집 근처에서 특히 공격적이다.

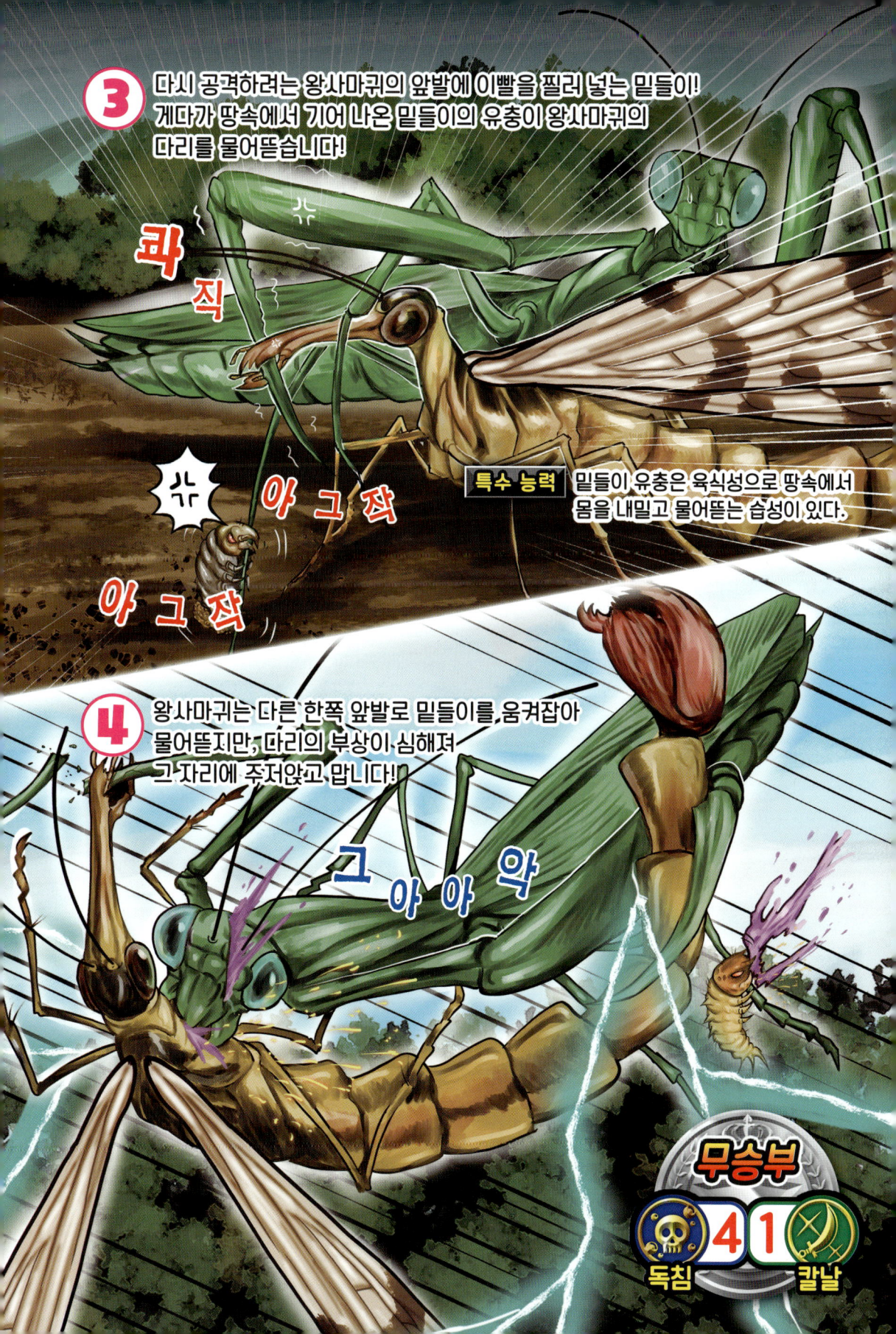

결과 발표

결승 진출

1 이빨팀 — 승점 **15**

2 군대팀 — 승점 **13**

예선 탈락

3 독침팀 — 승점 **12**

4 칼날팀 — 승점 **8**

배틀 최종 결과

1	독침	이빨
	4	4

2	칼날	군대
	4	4

3	독침	칼날
	5	2

4	이빨	군대
	6	3

5	독침	군대
	3	6

6	이빨	칼날
	5	2

그룹 A 배틀 포인트

모든 팀이 한 번씩 배틀을 마치고 난 후에 나란히 승점 4점을 획득했으며 막상막하의 실력을 보여 주었다. 모두 네 번의 배틀에서 승리한 이빨팀과 군대팀이 결승 토너먼트에 진출했다. 1승이 부족한 독침팀은 패배의 쓴잔을 마셨는데, 지원군인 낙타거미의 배틀이 무승부로 끝난 것이 영향을 끼쳤다. 칼날팀은 단 1승뿐, 나머지 다섯 번의 배틀이 무승부로 끝난 것이 탈락의 원인이 되었다. 군대팀은 지원군인 사막메뚜기의 패배에도, 종합 전투 능력이 돋보이는 배틀을 펼쳤다.

왠지 이상한 살아남기 전략

진화해서 생긴 비극

사건 파일 1 — 너무 진화해서 날지 못하는 크로카타바구미

크로카타바구미는 세계에서 가장 단단한 곤충으로 알려져 있다. 인간에게 밟혀도 으스러지지 않고 바늘로 찔러도 뚫리지 않을 정도로 몸통이 단단해서 새에게 잡아먹혀도 소화되지 않는다. 적의 공격과 피부 건조로부터 몸을 보호하기 위해 점점 단단하게 진화한 나머지, 날개가 퇴화해서 날개를 펼치지 못하게 되었다. 하루에 이동할 수 있는 거리도 제한적이라 천적이 나타나도 날아서 도망치지 못한다.

바구미의 일종이다. 오스트레일리아와 동남아시아, 일본 오키나와현의 야에야마제도에 서식한다.

사건 파일 2 — 스스로도 견디기 힘든 광대노린재의 악취

오키나와현의 이시가키섬에 많이 서식하며 나뭇잎 뒤에 모여 산다.

반짝반짝 빛나는 모습이 아름답지만, 광대노린재 역시 다른 노린재와 똑같이 지독한 냄새가 나는 분비액을 내뿜어 적으로부터 몸을 보호한다. 하지만 이 악취는 노린재 자신도 견디기 힘든 냄새여서 병에 넣고 밀폐하면 노린재 역시 죽어 버린다. 노린재가 죽는 이유는 명확하진 않지만, 악취 때문일 것이라고 짐작하고 있다. 그런데 노린재 중에는 바나나 냄새 등 인간의 기준에서 악취라고 느끼지 않을 냄새를 풍기는 종류도 있다.

75

왠지 이상한 살아남기 전략

암컷과의 교류 방법

사건 파일 3 장수잠자리의 수컷은 선풍기를 암컷으로 착각한다고?

육식성인 장수잠자리는 하늘을 자유롭게 날아다니며 나방, 파리, 벌을 잡아먹는다. 이렇게 뛰어난 비행 기술은 암컷을 찾는 데도 유용해서 암컷을 발견하면 사랑을 표현하기 위해 가까이 다가간다. 하지만 눈앞에 회전하는 물체가 있으면 그것이 암컷이라고 착각해 달려든다. 그래서 선풍기에 돌진해 날개가 너덜너덜 찢기는 일이 발생하기도 한다. 반대로 암컷은 회전하는 물체를 적이라고 여겨서 절대 접근하지 않는다.

고속도로를 달리는 자동차와 비슷한 비행 속도(약 시속 100km)로 돌진한다.

사건 파일 4 춤을 추며 사랑이 깊어지는 옐로우펫테일

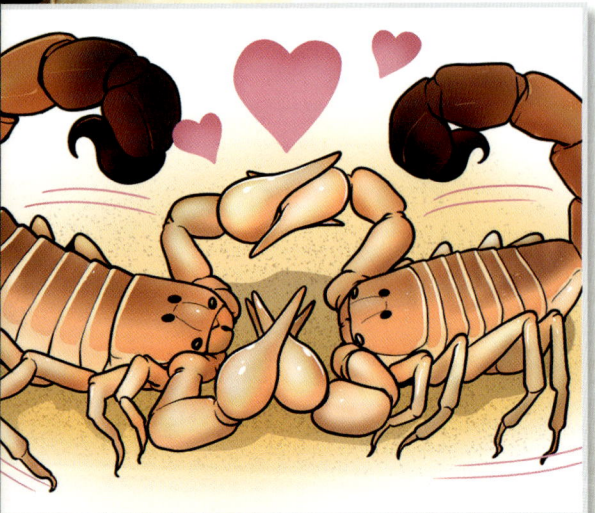
사이좋게 춤을 추다가도 암컷의 마음에 들지 않으면 수컷은 공격당하고 만다.

옐로우펫테일은 가장 강한 독을 지닌 전갈로 기네스북에 올라 있다. 꼬리의 독침뿐만이 아니라 집게발도 위협적이어서 집게발로 적을 꼼짝 못하게 제압한다. 또한 집게발은 암컷과의 사랑을 확인할 때도 사용된다. 수컷은 집게발로 암컷의 집게발을 붙잡고는 몸을 앞뒤 좌우로 흔들며 춤을 추기 시작한다. 이러한 행동을 '혼인댄스'라고 하며 많은 전갈류에서 이런 춤을 볼 수 있다. 다만 종류에 따라서는 암컷에게 잡아먹힐 때도 있다고 한다. 그야말로 목숨을 건 춤인 셈이다.

왠지 이상한 살아남기 전략

싸움 없이 먹잇감 획득하기

사건 파일 5 거미의 먹잇감을 가로채는 밑들이

약 2억 5000만년 전부터 생존했던 밑들이는 몸을 보호하는 능력과 포식하는 능력이 뛰어나다. 평소에는 적을 피해 땅속에 몸을 숨기고 구멍에서 머리만 내밀어 지나가는 먹잇감을 사냥하지만, 때때로 구멍에서 나와 먹잇감을 손에 넣기도 한다. 바로 거미줄 위에서다. 거미를 잡아먹는 것이 아니라 거미줄에 걸린 곤충을 가로채는 것이다. 이렇게 비겁한 방법을 사용해서 이제까지 멸종하지 않았는지도 모른다.

수컷 밑들이는 거미와 먹잇감 쟁탈전을 벌인다. 획득한 먹잇감은 암컷에게 선물한다.

사건 파일 6 말벌은 다른 벌과 사이가 나쁘다?

강력한 턱과 독침, 공격적인 성격을 지닌 말벌은 벌 중에서 가장 세다. 하지만, 갈고리벌에게는 호되게 당하곤 한다. 갈고리벌은 유충의 먹이가 되는 식물의 잎사귀에 대량의 알을 낳은 뒤, 자신의 유충에게 잡아먹히고 만다. 이러한 유충을 말벌이 잡아먹으면, 말벌의 몸속에서 갈고리벌의 유충이 자라 번데기가 되어 말벌의 몸 밖으로 나온다. 더구나 말벌의 유충까지 잡아먹는다. 공격성이 강한 말벌도 맞설 수 없는 상대가 존재하는 셈이다.

말벌은 애벌레 안에 갈고리벌의 알이 기생하는 줄 모르고 잡아먹는다.

왠지 이상한 살아남기 전략

변신 전과 후의 생태

사건 파일 7 비로 인생을 바꾸는 사막메뚜기

사막 지대에서 단독으로 행동하는 사막메뚜기는 성격이 온순하며 자손을 남기고 평화롭게 살아간다. 하지만 큰 비가 오랜 시간 계속되면 번식하기 쉬운 환경이 만들어져 무리가 형성된다. 그중에 검은 개체(평소에는 녹색)가 나타나 무리 전체를 검게 변이시킨다. 이들은 대량의 알을 낳고 식욕이 왕성해져서 장거리를 이동하며 주변 식물을 모조리 황폐하게 만들어 버린다. 이 메뚜기 무리는 4000억 마리에 이른다고도 한다. 하지만 이 무리는 단 며칠 만에 갑자기 소멸해 버리고 만다.

아시아와 아프리카에 서식한다. 갑자기 변이해서 시속 300km로 장거리를 이동한다.

사건 파일 8 개미귀신은 변비일까?

비가 쏟아지지 않는 장소를 골라 모래에 구멍을 파고 들어가 산다.

개미귀신은 모래 구멍으로 먹잇감을 끌고 들어간다. 평소에는 구멍 밖으로 나오지 않으며 항문이 퇴화해 약 3년간은 똥을 싸지 않고 성충(개미귀신은 명주잠자리로 성장한다)이 된 후, 한 번에 똥을 싼다고 알려졌다. 하지만 어느 초등학생이 엄청난 사실을 발견했다. 개미귀신을 관찰하다 노란 액체를 내보내는 모습을 발견했는데 이 액체가 똥일지도 모른다는 것이다. 현재, 전문가들이 정확한 사실을 밝히기 위해 연구 중이다.

배틀이 시작되다!

예선전 B

B그룹의 대전표

1라운드	갑옷팀 VS 악취팀	➡ P92	4라운드	악취팀 VS 비행팀	➡ P122
2라운드	테크닉팀 VS 비행팀	➡ P110	5라운드	갑옷팀 VS 비행팀	➡ P128
3라운드	갑옷팀 VS 테크닉팀	➡ P116	6라운드	악취팀 VS 테크닉팀	➡ P134

그룹 B 갑옷 팀

코카서스장수풍뎅이

강인한 다리와 긴 뿔로 적을 날려 버린다!

벌침도 뚫지 못할 단단한 몸통으로 적의 공격을 방어한다. 철벽 방어와 함께 공격력 또한 뛰어나다. 튼튼한 다리로 버티고 서서 뿔로 적을 들어 올려 던져 버리고, 타격을 받고 움츠러든 적을 계속해서 물어뜯는다. 평소에는 온순하지만, 위기에 빠지면 난폭해진다. 하늘을 날 수 있다.

배틀 유형

뿔 공격	A
몸통 철벽 방어	A
괴력	S
턱 공격	C
특수 능력	??

몸길이 20~170mm

거인굴바퀴벌레

세계에서 가장 큰 바퀴벌레

두더지처럼 땅속에 구멍을 파서 집을 만들고 낙엽을 모아 먹이로 삼는다. 집 근처에 적이 나타나면 가족을 지키기 위해 단단한 몸통으로 구멍을 막고 엄청난 힘으로 적을 밀어낸다. 그래도 공격을 멈추지 않는 적에게는 가시처럼 뾰족뾰족한 다리로 발차기를 날린다.

배틀 유형

가시 공격	B
몸통 철벽 방어	A
구멍 파기	B
구멍에 숨기	C
특수 능력	??

몸길이 80mm

골리앗왕꽃무지

세계에서 가장 무거운 곤충

배틀 유형	
몸통 공격	A
앞다리 펀치	B
몸통 절단	A
누르기 공격	C
특수 능력	??
몸길이	100mm

장수풍뎅이와 비슷하게 생겼다. 장수풍뎅이보다 머리에 난 뿔의 길이는 짧고, 힘은 더 세다. 특히 앞다리가 발달해서 어떠한 적이 밀어붙여도 꿈쩍하지 않는다. 하늘을 날 수 있어서 다양한 전술을 펼친다. 등 가운데가 칼처럼 날카로워서, 등의 관절 사이에 적을 끼워서 잘라 버린다.

그룹 B 갑옷 팀

크로카타바구미

단단한 몸으로 끊임없이 진화하다!

인간이 밟아도 으스러지지 않을 정도로, 세계에서 가장 단단한 곤충이다. 독침이나 강력한 턱을 이용한 물기 공격도 통하지 않을 만큼 몸통이 딱딱하다. 크로카타바구미를 공격하면 할수록 오히려 적 스스로의 몸에 상처를 입는다. 공격성이 없고, 배를 드러내며 죽은 척 위장하기도 한다.

배틀 유형	
턱 공격	C
초강력 몸통	S
초강력 몸통 박치기	S A B
죽은 척 위장	B
특수 능력	??
몸길이	10~15mm

기라파톱사슴벌레

그룹 B 갑옷 팀

지원군

톱처럼 길쭉한 턱으로 위협하다!

사슴벌레 중 가장 긴 턱을 가졌다. 긴 턱을 휘둘러 적을 날려 버리고, 톱처럼 생긴 턱으로 적을 움켜잡아 공격한다. 턱의 끝이 뾰족해서 치명상을 입히기도 하고, 재빠른 움직임으로 적을 속이는 등 지능도 발달했다.

배틀 유형

물기	A
턱 휘두르기	A
누르기	B
민첩한 움직임	C
특수 능력	??

몸길이 35~120mm

물장군

그룹 B
악취 팀

배틀 유형
악취 발사	A
마취 독 주입	A
칼날 발차기	A
누르기	B
특수 능력	??
몸길이	45~65mm

물속과 육지, 공중을 제압하는 공격력

물속에 서식하는 곤충 중 가장 강력하다. 두꺼운 앞다리에는 날카로운 발톱이 달렸는데, 이 발톱으로 적을 움켜쥐고 적이 날뛰어도 뒷다리로 단단히 짓누른다. 더욱이 뾰족한 입으로 적을 찌르고 마취 독을 흘려보내 꼼짝 못 하게 제압한다. 물속부터 하늘까지 광범위하게 이동한다.

물방개

그룹 B
악취 팀

물속과 공중에서 먹잇감을 사냥한다!

유충일 때는 물고기와 양서류, 곤충 등 가리지 않고 물어뜯어 독을 주입할 만큼 성격이 무척 사납다. 성충일 때는 냄새로 먹잇감을 찾아내고 두 개의 작은 발톱으로 상처를 입힌다. 적을 만나면 항문과 입 등에서 악취를 내뿜고 빈틈을 타서 도망치는 기술을 사용한다.

배틀 유형

악취 발사	A
마취 독 주입	A
발톱 공격	A
턱 공격	C
특수 능력	??

몸길이 30~50mm

검정명주딱정벌레

그룹 B
악취 팀

배틀 유형

악취 발사	A
마취 독 주입	A
턱 공격	B
고속 이동(육지·공중)	A
특수 능력	??
몸길이	35~40mm

악취를 발사하고 빈틈을 노려 물어뜯는다!

다가오는 적을 향해 독성 액체를 발사해 상대를 꼼짝 못 하게 한다. 액체를 공중으로 뿌려 쉽사리 다가올 수 없도록 방어하며 적이 도망치면 엄청난 속도로 쫓아가 흔적도 없이 먹어 치운다. 딱정벌레 중에서는 유일하게 하늘을 날 수 있다.

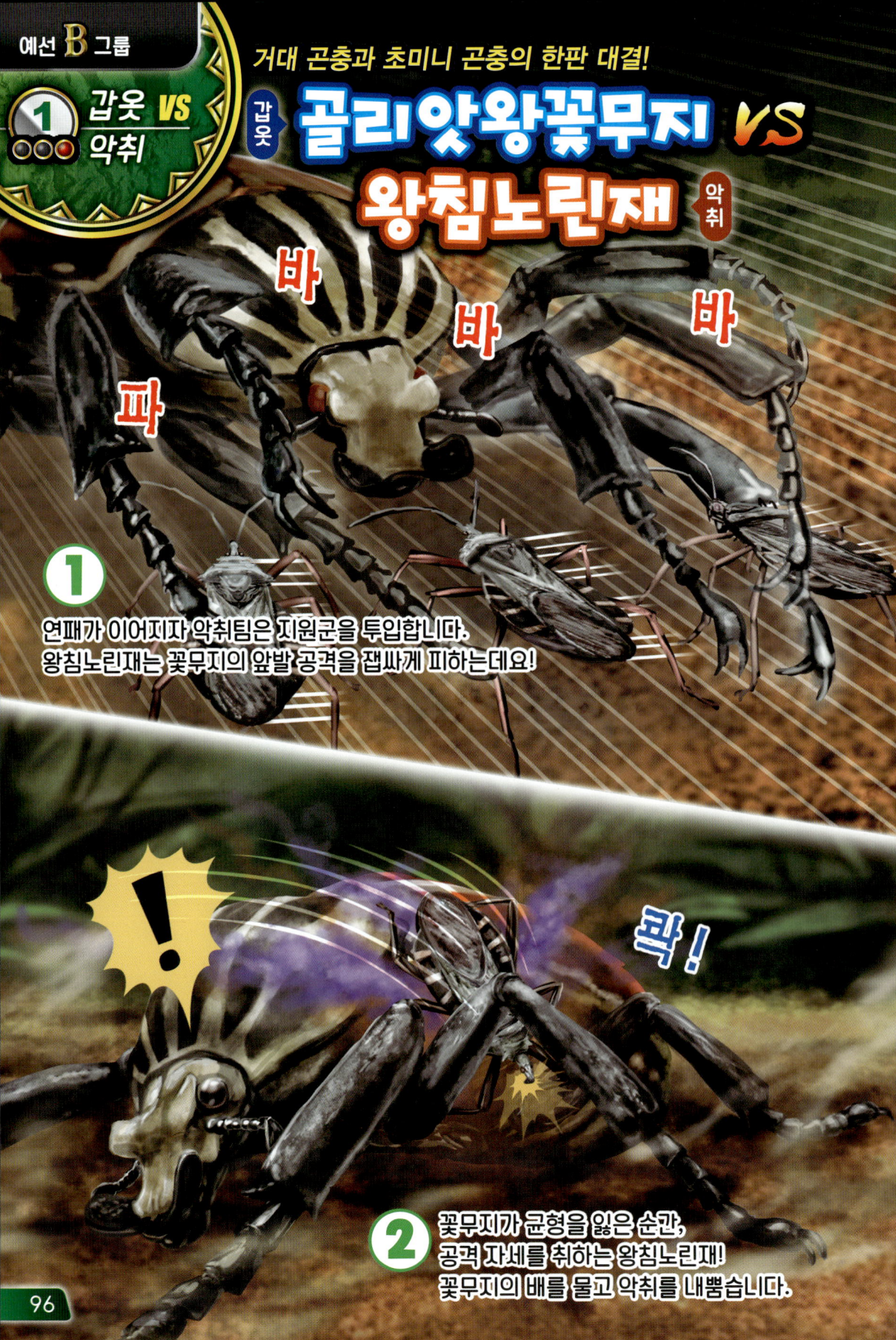

개미귀신

그룹 B
테크닉 팀

배틀 유형

모래 발사	B
모래 속 숨기	A
독 공격	A
체액 흡입	A
특수 능력	??

몸길이 40mm

모래 안으로 끌고 들어가 배고픔을 해소한다!

잠자리와 닮은 명주잠자리의 유충을 '개미귀신'이라고 한다. 발달한 턱으로 모래에 구멍을 파고 안에 들어가 있다가 적이 한 발짝이라도 들어오면 모래를 뿌려 구멍으로 떨어지게 만든다. 턱으로 빠르게 독을 주입한 뒤 적이 움직이지 못하게 되면 체액을 빨아 먹는다.

그룹 B 테크닉 팀

팔라완왕넓적사슴벌레

길고 강력한 턱으로 적을 으스러트린다!

배틀 유형	
턱 휘두르기	A
턱 공격	A
몸통 방어	B
죽은 척 위장	A
특수 능력	??
몸길이	40mm

사슴벌레 중 몸집이 가장 크고 턱이 길다. 길쭉한 턱으로 상대가 다가오기 전에 붙잡아 던져 버리거나 그대로 몸통을 으스러트린다. 난폭한 성격이며 힘이 센데, 그 힘이 장수풍뎅이를 두 동강 내 버릴 정도로 강력하다. 몸을 숨기는 기술로 죽은 척 위장하여 상대를 방심하게 만든다.

그룹 B
테크닉 팀

베네수엘라 산누에나방 애벌레

배틀 유형
맹독 공격	S
나뭇잎, 낙엽으로 위장	A
턱 공격	C
가시 방어	C
특수 능력	??
몸길이	45~55mm

몸에 스치기만 해도 목숨이 위험하다!

온몸이 맹독성 가시로 뒤덮여 있다. 뱀의 독과 비슷한 독성이라 인간이 가시를 만지면 세포가 파괴되어 피가 제대로 멈추지 않는다. 육식성이 아니라 먼저 공격하지는 않지만, 식물로 위장하고 있어서 무심코 몸통을 건드리게 될 위험성이 높다.

하와이자벌레

식물로 위장해 먹잇감을 낚아챈다!

자벌레나방과의 애벌레로 완전한 육식성이다. 잎사귀나 나뭇가지로 위장해 잠복하고 있다가 사정거리 안에 적이 침입하면 손아귀로 덥석 움켜잡는다. 손아귀에서 발버둥 치는 상대를 꼼짝 못 하게 누른 뒤 턱으로 뜯어 먹는다. 식물로 위장하고 있어서 어디에 있는지 알아채기 어렵다.

배틀 유형

물기	A
꼬집기	A
턱 공격	C
식물로 위장	B
특수 능력	??
몸길이	55~60mm

예선 리그
그룹 B

비행팀

- 장수잠자리
- 파리매
- 타란툴라대모벌
- 왕오색나비
- **지원군** 칠성무당벌레

공격력	방어력	작전력

특징: 공중에서 무방비한 적을 향해 달려들어 상대가 전투태세를 갖추기 전에 타격을 주는 집단이다. 몸통으로 들이받아 적을 뭉개 버리고 독을 주입하거나 물어뜯는 등 다양한 공격을 펼친다.

그룹 B
비행 팀
왕오색나비

배틀 유형

공중 공격	A
날개 공격	B
날개 방어	B
바람 타기	S
특수 능력	??
몸길이	50~60mm

바람을 일으키는 거대한 날개

일본을 상징하는 나비로, 아름다운 자태를 띠고 있다. 하지만 벌이나 작은 새도 거침없이 공격하는 사나운 성격이다. 거대한 날개로 바람을 일으켜 적을 날려 버리며 상대가 약해질 때까지 계속 되풀이한다. 게다가 빠른 속도로 공중을 자유롭게 날아다녀서 상대방에게 좀처럼 잡히지 않는다.

그룹 B · 비행 팀

칠성무당벌레 [지원군]

적의 접근을 막는 독성 액체

배틀 유형	
체액 흡입	C
분비액 방어	A
고속 이동(공중)	A
죽은 척 위장	A
특수 능력	??

몸길이 5~9mm

땅 위는 물론 공중에서도 잽싸게 움직이며, 날카로운 이빨로 상대방을 물어 체액을 빨아들인다. 불리한 상황에 놓이면 다리에서 노란색 액체를 내뿜으며 그 액체를 맛본 적은 두 번 다시 공격하지 않는다. 새에게도 잡아먹히지 않는다. 죽은 척 위장해서 몸을 보호하기도 한다.

결과 발표

결승 진출

1 갑옷팀 — 승점 **15**

2 악취팀 — 승점 **13**

예선 탈락

 **3** 테크닉팀 승점 13

 **4** 비행팀 승점 12

배틀 최종 결과

	갑옷	악취		테크닉	비행		갑옷	테크닉
1	6	3	2	6	3	3	6	3

	악취	비행		갑옷	비행		악취	테크닉
4	6	3	5	3	6	6	4	4

그룹 B 배틀 포인트

1위와 4위의 승점이 3점 차이라는 점에서 알 수 있듯이 엄청난 접전을 펼쳤다. 최종전을 남기고 결승 토너먼트 진출을 확정한 팀은 갑옷팀이며 남은 한 자리를 두고 세 팀이 맞붙었다. 악취팀과 테크닉팀은 종합 승점과 직접 대결에서 승점이 같았지만, 최종 시합에 승리한 악취팀을 상위로 판단했다. 그룹 전체에서 무승부 배틀은 단 한 번뿐으로 공격적인 모습이 돋보이는 배틀이 많았다. 1위로 통과한 갑옷팀도 다른 팀보다 승리 횟수가 1회 많을 뿐이다.

오들오들 무서운 천적

독침도 소용없다!

사건 파일 1 이스턴킹버드의 먹이가 되는 수컷 꿀벌

벌의 침은 산란관이 변화한 것이다. 따라서 암컷 벌에게는 침이 있지만 수컷 벌은 침이 없다. 벌을 먹이로 하는 생물은 벌이 수컷인지 암컷인지 구분하기가 어렵다. 하지만 '이스턴킹버드'라는 새는 벌의 성별을 구분하는 능력이 있어서 침이 없는 수컷만을 공격해 잡아먹고 암컷은 건드리지 않는다. 이 밖에도 독샘에서 독을 짜낸 후에 벌을 잡아먹는 등 살아남기 위한 지혜를 가진 새도 있다.

암컷의 침

암컷에게만 침이 있다. 또한 여왕벌은 유충의 성별을 결정할 수 있다.

사건 파일 2 큰곰에게는 통하지 않는 말벌의 독침

조류나 포유류에게도 과감하게 덤벼드는 말벌이지만, 큰곰을 당해 내진 못한다. 큰곰이 영양분을 축적해야 하는 시기가 되면 영양가가 높은 벌을 먹이로 잡아먹는다. 이 시기는 마침 벌의 번식기이기도 하다. 이 시기에 몸을 보호해야 하는 벌은 최대 무기인 독침으로 큰곰을 찌르려고 하지만, 큰곰은 5~15cm의 털로 온몸이 뒤덮여 있어서 피부까지 독침이 도달하지 않는다. 하지만 눈이나 코에는 털이 없어서 큰곰도 말벌을 경계한다.

말벌의 침은 큰곰의 털을 뚫지 못해서 눈이나 코를 공격해야 한다.

오들오들 무서운 천적

주변 곳곳의 위협

사건 파일 3 난초사마귀의 암컷은 수컷을 잡아먹는다고?

난꽃으로 위장하는 난초사마귀는 꽃 가까이 다가오는 곤충을 잡아먹는다. 하지만 암컷만 꽃처럼 생겼고, 수컷은 몸집이 작고 옅은 갈색의 수수한 몸 색깔을 띠고 있다. 수컷은 암컷에게 다가가 자손을 번식하기 위해 교미를 하지만, 때로는 암컷에게 잡아먹히기도 한다. 자신보다 훨씬 몸집이 큰 암컷을 당해 낼 수 없는 것이다. 이러한 현상은 여러 종류의 사마귀에서 관찰된다. 한편, 암컷은 탈피를 반복하면서 난꽃처럼 하얀색 몸통으로 변화해 간다.

동남아시아에 서식한다. 암컷(사진 아래쪽)은 수컷보다 몸집이 훨씬 크며 탈피하기 전 몸통 색깔은 녹색이다.

사건 파일 4 벌의 알에 잡아먹히는 칠성무당벌레

진딧물을 잡아먹는 칠성무당벌레는 스스로 노란색 물질을 내뿜어 새의 공격으로부터 자신의 몸을 보호한다. 하지만 갑자기 좀비처럼 변하기도 하는데, 칠성무당벌레의 몸에 알을 낳는 기생벌 때문이다. 부화한 알은 칠성무당벌레의 몸속으로 들어가 칠성무당벌레의 체액을 빨아 먹으며 자란다. 기생된 칠성무당벌레는 살아남을 때도 있지만 죽기도 한다. 기생벌의 종류는 다양하며 기생하는 곤충도 나비와 파리 등으로 다양하다.

칠성무당벌레는 새 등의 천적을 위협하기 위해 노란색 체액을 내뿜는다.

오들오들 무서운 천적

곤충이 아닌 생물과의 싸움

사건 파일 5 · 개미를 낚아 올리는 침팬지

개미 중에는 집을 짓는 종류와 짓지 않는 종류가 있다. 흰개미처럼 집을 짓는 개미에게는 곤충이나 조류가 아닌 포유류 중에서도 천적이 있다. 예를 들어, 침팬지는 흰개미 집에 작은 나뭇가지를 집어넣어 가지에 달라붙은 흰개미를 낚아 올린 뒤 먹어 치운다. 한편, 집을 짓지 않는 공격성이 강한 군대개미는 포유류가 두려워하는 종류이다. 천적은 군대개미가 싫어하는 물질을 내뿜는 텍사스장님뱀이다.

흰개미처럼 집을 짓는 개미는 나뭇가지를 적이라고 생각해 달라붙어 가지를 기어오른다.

사건 파일 6 · 개구리를 잡아먹는 왕지네

지네는 수명이 6~7년으로 곤충 중에서는 긴 편이며 몸이 잘려도 재생하는 등 생명력이 뛰어나다. 하지만 개구리나 뱀, 두더지와 같은 천적이 많다.
이와 반대로 왕지네는 개구리를 잡아먹기도 한다. 그중에서도 가장 큰 아마존왕지네는 40cm가 넘기도 해서 파충류나 작은 새 등을 몸으로 휘감아 날카로운 엄니로 잡아먹는다. 몸을 건드리면 상대가 그 누구라도 공격할 정도로 성질이 난폭하고 위협적이다.

왕지네는 대부분 동남아시아에 서식하지만, 아마존왕지네는 남아메리카에 서식한다.

오들오들 무서운 천적

살아남기 위한 연기

사건 파일 7 · 새가 다가오면 죽은 척하는 왕넓적사슴벌레

왕넓적사슴벌레는 성질이 난폭해 긴 턱으로 적과 용감하게 싸운다. 하지만 이길 수 없는 상대에게는 절대 공격하지 않는다. 천적인 까마귀가 나뭇가지에 앉으면 그 진동을 포착해 6개의 다리를 오므리고 나무에서 땅으로 떨어진다. 까마귀의 눈에 띄지 않도록 죽은 척 위장하고 꼼짝하지 않는다. 이러한 모습은 사육하는 왕넓적사슴벌레에서도 관찰할 수 있는데, 무언가 자극을 받으면 움직이지 않는다. 이렇게 죽은 척 위장하는 모습은 오히려 건강하다는 증거라고 한다.

주로 필리핀에 서식한다. 튼튼한 다리로 나무에 달라붙지만, 천적이 나타나면 땅으로 뚝 떨어진다.

사건 파일 8 · 식물로 감쪽같이 위장하는 자벌레

자나방과의 유충을 자벌레라고 부른다. 다양한 종류가 존재한다.

자벌레는 몸통 자체를 식물처럼 만들어 새 등의 천적으로부터 몸을 보호한다. 종류에 따라 위장하는 식물의 종류가 다양하며 재주나방과의 유충은 잔가지로 보이기 위해 고도의 기술을 사용한다. 복부의 다리로 나무를 붙잡고 가지처럼 보이도록 몸을 뒤로 기울인다. 입에서 나오는 한 가닥의 실로 몸통을 지탱하는 셈이다. 이 같은 위장 기술로 천적으로부터 몸을 보호하고, 밤이 되면 포식 활동을 하며 살아간다.

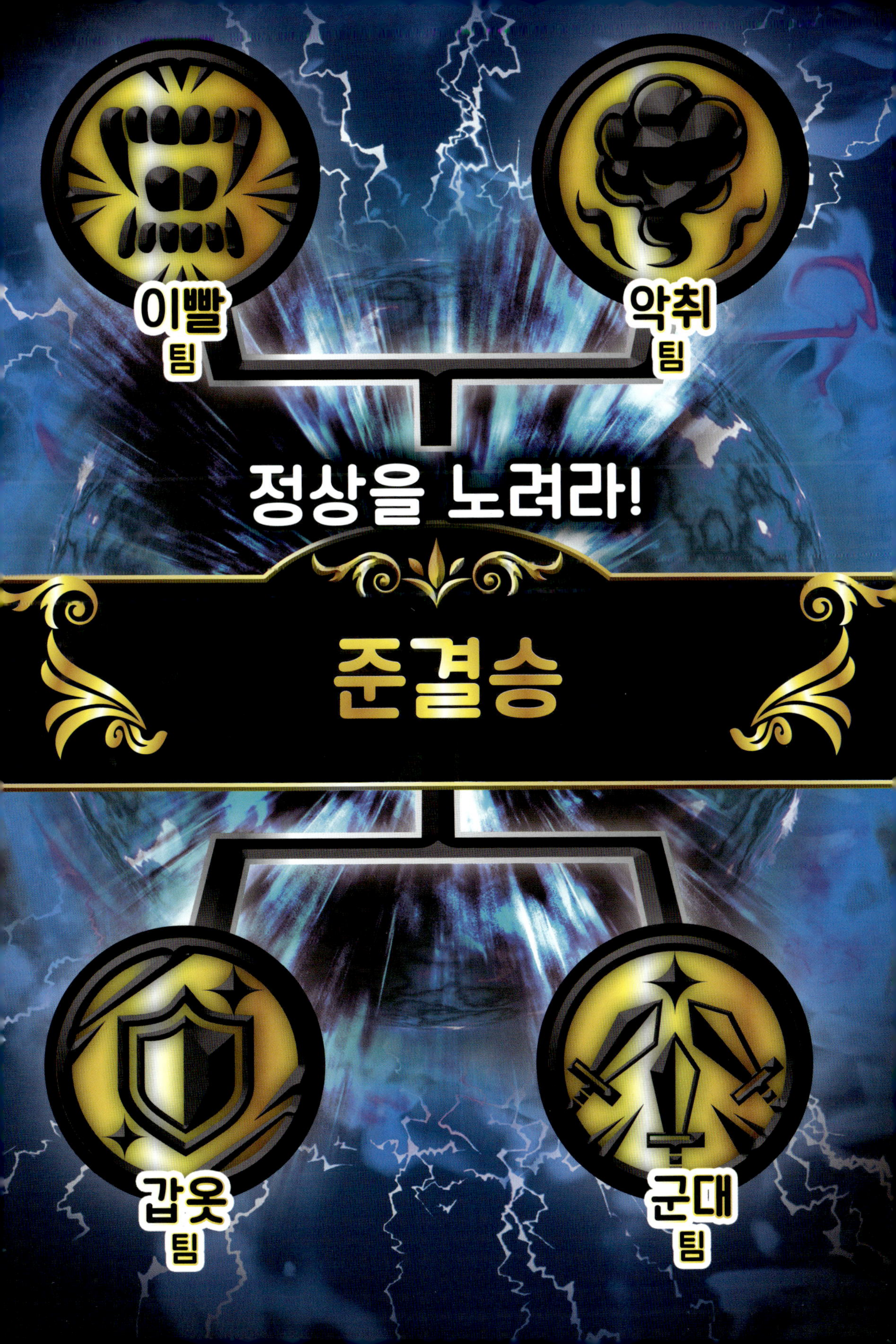

이빨 팀   악취 팀

정상을 노려라!

준결승

갑옷 팀   군대 팀

준결승 대전표

A그룹 1위 이빨팀 VS 악취팀 B그룹 2위

※준결승에서는 팀 색깔을 녹색으로 변경

1라운드
 브라질 방황거미 **VS** 물장군

2라운드
 블론디 골리앗 **VS** 검정명주 딱정벌레

3라운드
 붉은머리 왕지네 **VS** 광대노린재

4라운드 태그매치
 아프리카자이언트밀리패드 & 리옥크 **VS** 물방개 & 왕침노린재

준결승의 네 번째 시합은 지원군이 참여한 태그매치로 치러진다!

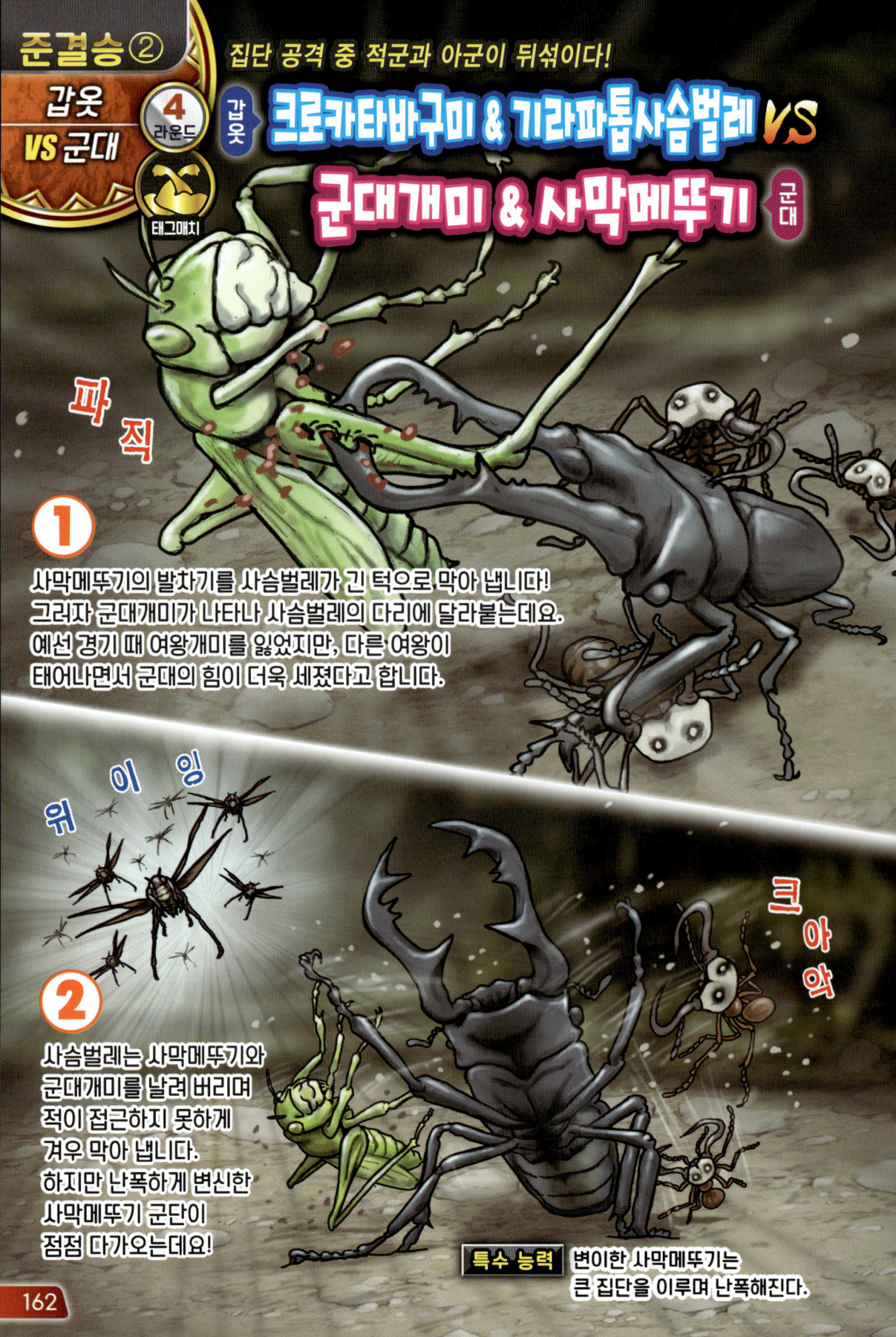

결과 발표

결승 토너먼트 준결승

결승 진출

우승자    악취팀

승 브라질방황거미	VS	물장군 패
무 블론디골리앗	VS	검정명주딱정벌레 무
패 붉은머리왕지네	VS	광대노린재 승
승 아프리카자이언트밀리패드 & 리옥크	VS	물방개 & 왕침노린재 패

우승자    군대팀

승 코카서스장수풍뎅이	VS	폭발개미 패
무 거인굴바퀴벌레	VS	아프리카화꿀벌 무
패 골리앗왕꽃무지	VS	장수말벌 승
승 크로카타바구미 & 기라파톱사슴벌레	VS	군대개미 & 사막메뚜기 패

준결승의 관전 포인트

첫 번째 시합에서는 예선 리그에서 2승을 거둔 '블론디골리앗 VS 검정명주딱정벌레'의 배틀이 가장 기대되었지만, 결과는 무승부로 끝나고 말았다. 두 번째 시합에서는 예선 리그에서 2승을 거둔 곤충 중, 유일하게 코카서스장수풍뎅이만 승리를 차지했다. 더욱이 지원군으로 참전해 다치지 않은 곤충은 리옥크뿐이다. 참가자의 전투력이 비슷한 배틀이 이어지는 가운데, 최종 태그매치의 연합 공격이 승리를 결정지었다. 여왕개미를 잃은 군대개미는 새로운 여왕을 맞이해 싸움에 나섰지만, 승리를 거두지는 못했다.

결승전

 이빨팀

세계 최강의 맹독을 지닌 브라질방황거미의 공격력과 모든 공격을 튕겨 내는 아프리카 자이언트밀리패드의 방어력이 호흡을 맞추면, 싸움은 어떻게 전개될까?

 브라질방황거미

 아프리카자이언트밀리패드

태그 1

땅에서는 붉은머리왕지네가, 나무 위에서는 리옥크가 공격할 것이라 예상된다. 붉은머리왕지네가 리옥크의 파괴력을 어떻게 활용하고 지원하는지도 눈여겨볼 부분이다.

 붉은머리왕지네

 리옥크

태그 2

블론디골리앗

부상이 없는 블론디골리앗이 대표로 나선다. 맹독성 털을 날리고 민첩하게 움직이며 쉴새 없이 공격한다. 소형견에 맞먹는 턱의 위력을 이번에도 발휘할 수 있을까?

팀 대표 3

1・2라운드는 태그매치로, 3라운드는 팀 대표끼리의 승부다!

갑옷팀

매치 라운드 S

크로카타바구미

골리앗왕꽃무지

몸통이 단단한 곤충끼리 연합했다. 방어력이 곧 최대의 공격일까? 공격력이 약한 크로카타바구미를 골리앗왕꽃무지가 어떻게 활용할지가 승리의 열쇠가 될 것이다.

매치 라운드 S

거인굴바퀴벌레

기라파 톱사슴벌레

방어력뿐만 아니라, 다채로운 전술을 사용하는 팀원이 뭉쳤다. 둘이 동시에 공격하면 그 위력은 어떤 곤충도 당해 내지 못한다. 이 위력을 실현하기 위해 어떤 전략을 펼칠 것인가!

매치 라운드 S

코카서스장수풍뎅이

이제까지 전승을 거둔 코카서스장수풍뎅이가 대표로 나선다. 그동안 비장의 무기인 뿔로 어떠한 공격도 맞받아치며 모든 적을 물리쳐 왔다. 유일한 돌격 기술로 우승컵을 손에 넣을 수 있을까?

곤충 최강왕 결정전

우승 이빨팀

배틀 대전 결과

 이빨팀 (우승자)   vs    갑옷팀

	이빨팀		갑옷팀	
승	브라질방황거미 / 아프리카자이언트밀리패드	VS	크로카타바구미 / 골리앗왕꽃무지	패
패	붉은머리왕지네 / 리옥크	VS	거인굴바퀴벌레 / 기라파톱사슴벌레	승
승	블론디골리앗	VS	코카서스장수풍뎅이	패

결승전의 관전 포인트

1·2라운드의 태그매치에서는 연합 경기인 만큼 각자의 강점을 살렸으며, 결과적으로는 전략이 승패를 좌우했다. 1승 1패의 상황에서 맞이한 각 팀 대표의 시합은 아무도 예측할 수 없는 상황으로 전개되었다. 결국, 끈질긴 생명력이 승리를 결정지었다.

배틀 MVP — 블론디골리앗

예선 리그에서 2승, 준결승에서 무승부, 결승전에서 승리를 차지하며 단 한 번도 패하지 않고 경기를 치렀다. 어떠한 곤충도 강력한 턱을 막아 내지 못했으며 곤충 가운데는 대적할 상대가 없을 정도의 전투력을 보여 주었다.

개별 성적

우승

이빨팀	그룹 리그	결승 토너먼트
브라질방황거미	1승 1패	2승
블론디골리앗	2승	1승 1무
붉은머리왕지네	2무	2패
아프리카자이언트밀리패드	1무 1패	2승
리옥크	1승	1승 1패

준우승

갑옷팀	그룹 리그	결승 토너먼트
헤라클레스장수풍뎅이	2승	1승 1패
거인굴바퀴벌레	2승	1승 1무
골리앗왕꽃무지	2패	2패
크로카타바구미	1승 1패	1승 1패
기라파톱사슴벌레	1패	2승

준결승 패배

악취팀	그룹 리그	결승 토너먼트
물장군	1승 1패	1패
물방개	2패	1패
광대노린재	1무 1패	1승
검정명주딱정벌레	2승	1무
왕침노린재	1승	1패

준결승 패배

군대팀	그룹 리그	결승 토너먼트
군대개미	2패	1패
폭발개미	2승	1패
아프리카화꿀벌	1승 1무	1무
장수말벌	1승 1패	1승
사막메뚜기	1패	1패

A그룹 3위

독침팀	그룹 리그
데스스토커	1승 1무
옐로우펫테일	2패
식초전갈	1승 1패
밑들이	1승 1무
낙타거미	1무

A그룹 4위

칼날팀	그룹 리그
왕사마귀	1승 1무
복서사마귀	1무 1패
난초사마귀	2무
하늘소	2패
타이탄하늘소	1무

예선 리그에서 패배한 팀은 시합 수가 적어서 이 성적만으로 실력을 판단하기는 어렵다.

B그룹 3위

테크닉팀	그룹 리그
개미귀신	1승 1패
팔라완왕넓적사슴벌레	2승
베네수엘라산누에나방 애벌레	1무 1패
하와이자벌레	2패
다윈의 나무껍질거미	1승

B그룹 4위

비행팀	그룹 리그
장수잠자리	2패
파리매	1승 1패
타란툴라대모벌	1승 1패
왕오색나비	1승 1패
칠성무당벌레	1승

번외 경기
개별 최강왕

생물계에서 가장 강력한
독으로 공격한다!

공격력과 방어력을
두루 갖추다!

데스스토커

결승 토너먼트에는 진출하지 못했지만, 곤충 외 생물에게도 위협적인 독성을 지녔다. 기량을 높이 평가해 특별 추천으로 출전한다.

팔라완왕넓적사슴벌레

결승 토너먼트에는 오르지 못했지만, 만약 다른 팀에 속해 있었다면 결승에서 큰 활약을 했을 것이라 예측되는 만큼, 특별 추천으로 출전한다.

데스스토커의 독침과 팔라완왕넓적사슴벌레의 턱 공격력은 세계 최고 수준! 엄청난 속도로 진행되는 대결에서 눈을 뗄 수 없다!

개별 배틀의 규칙

무승부는 없으며 상대방이 쓰러질 때까지 싸운다. 동료가 참가하는 것도 금지되며 1 대 1 정면 승부로 치러진다. 최강왕 배틀의 결과는 포함되지 않으며, 이 대결 승리자가 진정한 최강 곤충의 자리에 오른다.

진정한 "최강

최강왕 배틀의 MVP와 최강 지원군, 그룹 리그의 실력자가 격돌한다. 대결해 보지 않았거나 같은 팀원끼리의 대결 등 최강왕 배틀과는 다른 시합이 펼쳐진다.

드러나지 않은 공격력이 폭발한다!

리옥크

결승전 태그매치에 참가했지만 제대로 실력을 발휘하지 못한 채 패하고 말았다. 거대한 몸집을 이용한 공격이 위협적이다.

무엇이든 턱으로 물어뜯는다!

블론디골리앗

최강왕 배틀의 MVP로, 실력은 이미 증명되었다. 턱의 파괴력이 모든 곤충에게 통한다는 사실을 다시 한번 증명할 수 있을까?

이빨팀 동료끼리 맞붙는 대결이다.
우승을 이끈 두 곤충 중에 어느 쪽이 강할까?
강력한 힘이 충돌하면 어떤 광경이 펼쳐질 것인가!

"곤충"을 가리다!

이번 배틀의 우승자가 **진정한 최강왕!**

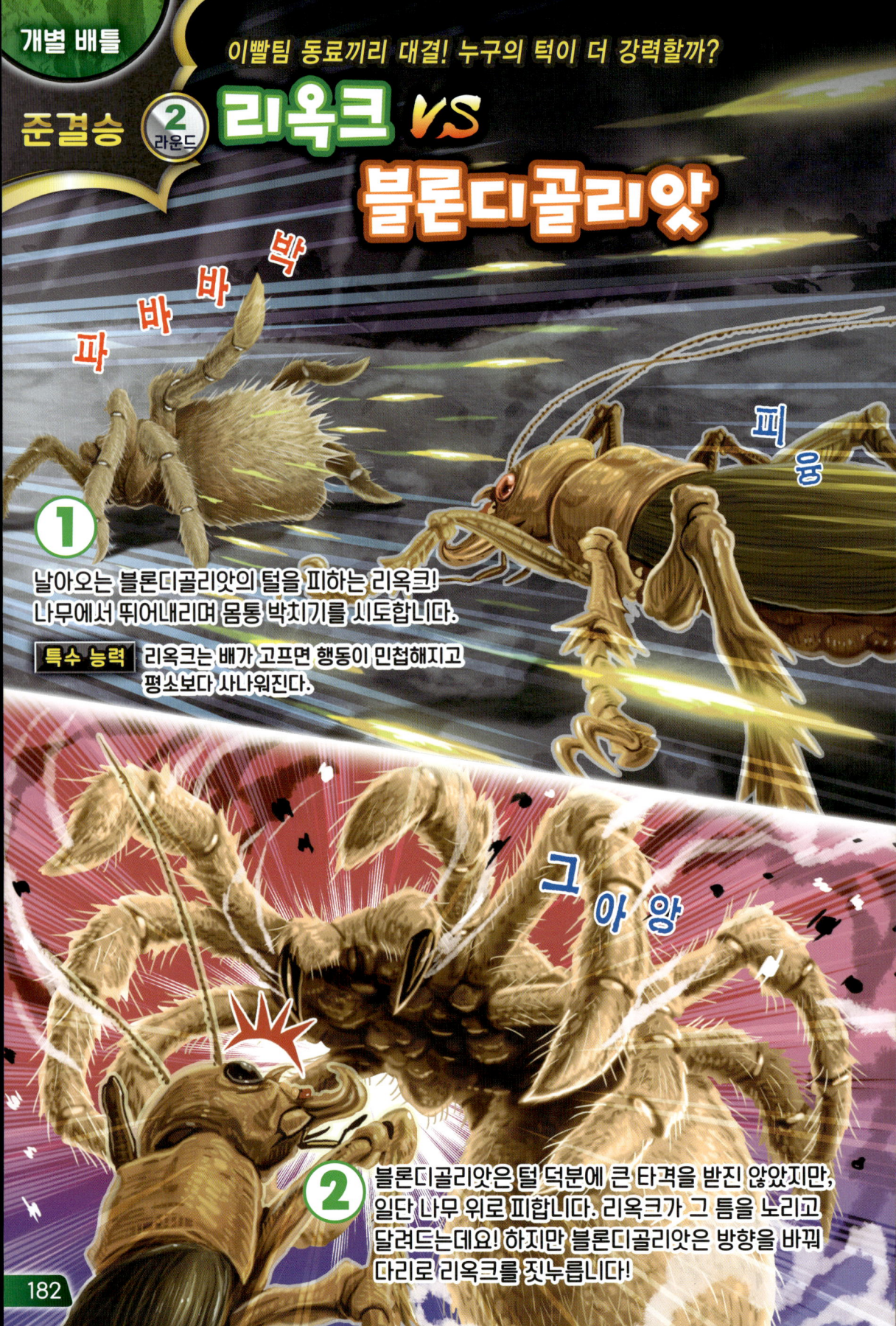

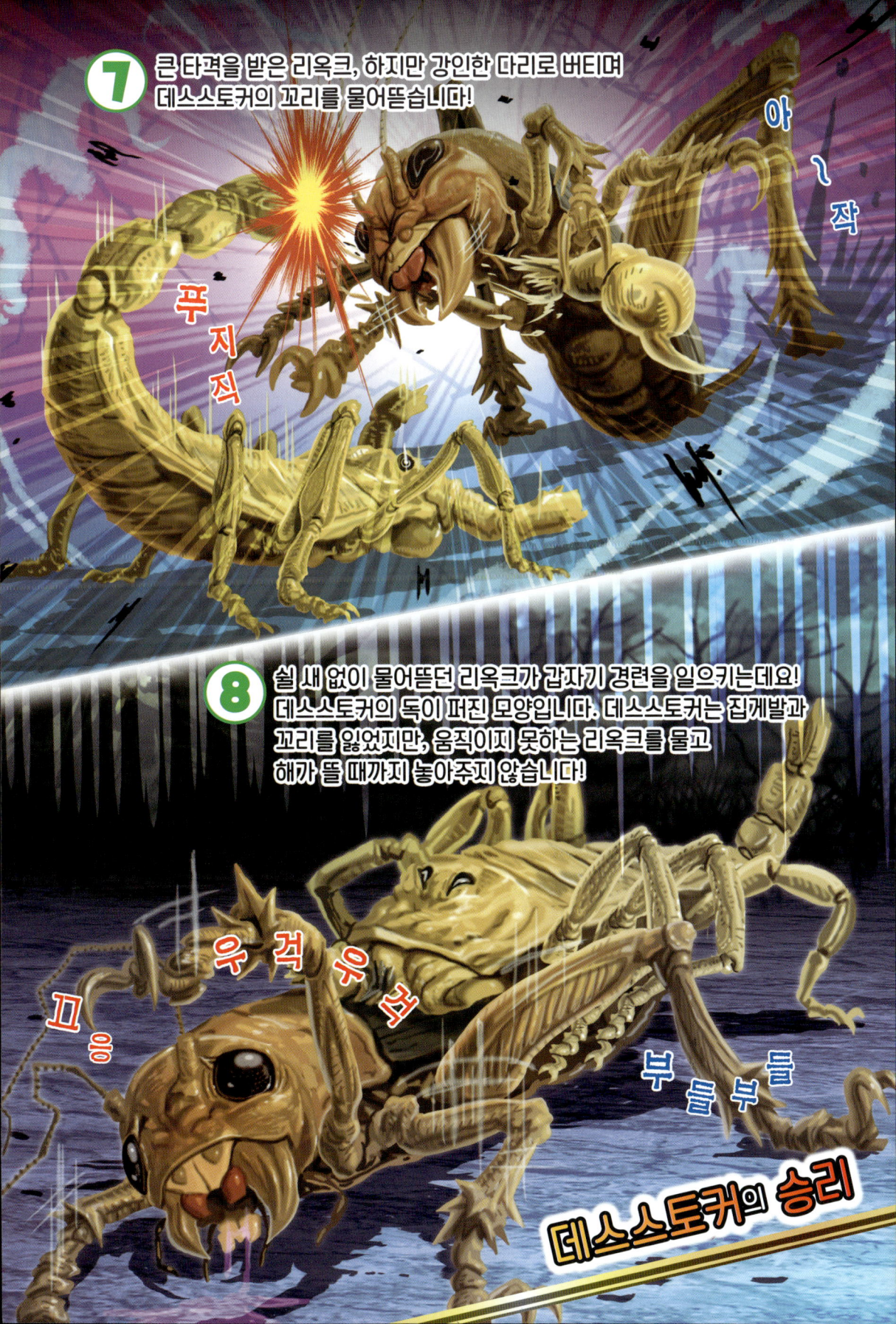

상상 초월 만약 곤충이 인간이었다면?

천하장사 유형

곤충 1
코카서스장수풍뎅이는 체중의 약 850배를 들어 올린다.
 2t 트럭의 25대 이상(51t)을 들어 올리는 힘이다.

곤충 2
곰개미는 체중의 25배를 끌고 이동한다.
 씨름 선수 8명을 끌고 갈 정도의 힘이다.

곤충 3
쇠똥구리는 체중의 1,000배 이상의 물체를 굴린다.
 2t 트럭 3대를 한 번에 뒤집을 정도의 힘이다.

육상 선수 유형

곤충 1
길앞잡이는 1초에 13번이나 땅을 차며 달린다.
 고속도로를 달리는 자동차의 속도(시속 80km)만큼 빠르다.

곤충 2
독일바퀴벌레는 1초에 몸길이의 50배에 이르는 거리를 이동한다.
 고속열차의 속도(시속 290km)만큼 빠르다.

곤충 3
사하라은색개미는 1초에 몸길이 100배에 이르는 거리를 이동한다.
 제트기가 비행하는 속도(시속 700km)만큼 빠르다.

으앗, 말도 안 돼!

곤충은 종종 상상을 뛰어넘는 신체 능력을 발휘한다. 만약 인간이 그러한 능력을 지녔다면 얼마나 엄청난 능력일지 검증해 보자.

높이뛰기 선수 유형

곤충 1
벼룩은 몸길이의 150배의 높이를 뛰어오를 수 있다.
 50층 건물(약 250m)을 뛰어넘는 점프력이다.

곤충 2
깡충거미는 몸길이의 6배나 되는 거리를 뛰어넘을 수 있다.
멀리뛰기 세계 기록을 뛰어넘을 정도(10m 이상)이다.

곤충 3
풀무치는 한 번의 점프로 몸길이 10배의 거리를 이동한다.
단 6번의 점프로 100m를 완주할 정도이다.

대식가 유형

곤충 1
 광대노린재는 하루에 수십억 마리의 진딧물을 먹어 치운다.
하루에 밥을 300그릇 이상 먹어 치우는 양이다.

곤충 2
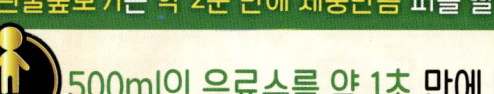 흰줄숲모기는 약 2분 만에 체중만큼 피를 빨 수 있다.
 500ml의 음료수를 약 1초 만에 다 마셔 버리는 빠르기이다.

곤충 3
 쇠똥구리는 12시간 계속 먹고 3m의 똥을 싼다.
아침부터 밤까지 계속 먹고 약 2km의 똥을 싸는 정도이다.

'곤충 최강왕 결정전'은 아직 끝나지 않았다!

최강왕 결정전 우승

이빨팀

최강왕 결정전 MVP

블론디골리앗

최강 곤충   데스스토커

예선 리그에서 탈락한 곤충 가운데 최강인 팔라완왕넓적사슴벌레를 물리쳤다. 또한 최강왕 결정전의 MVP인 블론디골리앗을 무찌른 리옥크를 쓰러트리며 우승을 거머쥐었다. 승리의 결정적인 비결은 독침 공격이다. 이외에 민첩한 움직임과 방어력 또한 한몫했다. 포유류 등 대형 생물도 두려워한다는 데스스토커의 공격력이 증명되었다.

최강왕 결정전은 어땠나?

비슷한 특성을 가진 곤충이 하나의 팀을 이뤄 싸우는 곤충 최강왕 결정전에서는 각자의 실력은 물론이고 팀원의 조합과 서로 간의 협력이 승패의 원인이 되었다. 자연계에서 이러한 협력 관계는 쉽게 찾아볼 수 없지만, 다른 곤충이 도와주거나 서식하는 환경이 달라진다면 생태계의 구조 역시 바뀔 수 있다는 상상을 하게 만드는 대회였다. 또한 같은 팀의 곤충과는 대결하지 않아서 만약 팀이 달랐다면 어떤 힘의 관계가 존재했을지 궁금해진다.

더 궁금한 위험 곤충 이야기!

장수말벌

준결승에서 패했지만, 곤충 외 생물들도 두려워하는 존재이다. 대규모 집단으로 싸움에 나서면 무너뜨릴 방도가 없다.

다윈의 나무껍질거미

예선 리그에서 한 번의 시합(승리)에만 출전해 실력이 드러나지 않았다. 강도가 세계 최강인 거미집에 걸려들면 적은 저항해 보지도 못하고 턱에 물려 으스러지고 만다.

군대개미

생물학자들에 따르면, 큰 집단을 이뤘을 때 최강의 곤충이다. 수천만 마리의 무리가 동시에 덤벼들면 아무리 강력한 방어력을 지닌 생물이라도 저항할 수 없다.

타란튤라대모벌

거미 전문 사냥꾼으로 유명하지만, 다른 곤충과 싸웠다는 기록은 드물다. 독침으로 몇 번이고 찌를 수 있고, 강력한 턱을 지녔다. 집단 공격도 위협적이다.

언제나 진화하는 곤충의 세계

사막메뚜기처럼 갑자기 변이해 난폭해지거나 아프리카화꿀벌처럼 야생화해서 위협적인 존재로 변하는 등 곤충의 위험도는 지금도 높아지고 있다. 지구 환경의 변화에 따라 서식하지 않았던 장소로 이동하는 곤충도 있다. 이러한 변화를 되풀이하며 곤충은 환경에 적응하고 때로는 인간을 위협할 정도의 위험성을 보이기도 한다. 또한 리옥크처럼 개체 수가 적은 곤충은 연구가 진행되지 않아 그 실태가 밝혀지지 않았다. 곤충의 능력은 쉽게 예측할 수 없다.

유라시아
- 왕사마귀 ➡33
- 물장군 ➡87
- 장수잠자리 ➡105

아프리카
- 낙타거미 ➡19
- 아프리카자이언트밀리패드 ➡24
- 사막메뚜기 ➡43
- 골리앗왕꽃무지 ➡83

중앙아시아
- 데스스토커 ➡15
- 옐로우펫테일 ➡16

동남아시아
- 붉은머리왕지네 ➡23
- 리옥크 ➡25
- 복서사마귀 ➡34
- 난초사마귀 ➡35
- 폭발개미 ➡40
- 코카서스장수풍뎅이 ➡81
- 크로카타바구미 ➡84
- 기라파톱사슴벌레 ➡85
- 팔라완왕넓적사슴벌레 ➡100

마다가스카르
- 다윈의 나무껍질거미 ➡103

오스트레일리아
- 거인굴바퀴벌레 ➡82

세계의 곤충 서식지 찾아보기

곤충의 주요 서식지이다. 이외 다른 지역에서도 서식한다.
●→ 표시의 숫자는 그 곤충이 등장하는 페이지이다.

일본
- 밑들이 ➡18
- 하늘소 ➡36
- 장수말벌 ➡42
- 물방개 ➡88
- 광대노린재 ➡89
- 검정명주딱정벌레 ➡90
- 왕침노린재 ➡91
- 개미귀신 ➡99
- 파리매 ➡106
- 왕오색나비 ➡108
- 칠성무당벌레 ➡109

북아메리카
- 식초전갈 ➡17
- 아프리카화꿀벌 ➡41

하와이
- 하와이자벌레 ➡102

중앙·남아메리카
- 브라질방황거미 ➡21
- 블론디골리앗 ➡22
- 타이탄하늘소 ➡37
- 군대개미 ➡39
- 베네수엘라산누에나방 애벌레 ➡101
- 타란툴라대모벌 ➡107

193